S.te Odile priez pour nous.

Lith. de L. Havard à Strasbg.

VIE

DE

SAINTE ODILE,

ACCOMPAGNÉE DES

LITANIES, D'UNE NEUVAINE, DE L'ORDINAIRE DE LA MESSE ET DE QUELQUES AUTRES PRIÈRES

EN L'HONNEUR

DE CETTE BIENHEUREUSE PATRONNE DE L'ALSACE;

PAR

TH. F. X. HUNKLER,

Chanoine honoraire de la Cathédrale de Strasbourg.

Avec la permission des supérieurs ecclésiastiques.

SE VEND A LA MONTAGNE SAINTE-ODILE.

STRASBOURG, de l'imprimerie de L. F. Le Roux.

VIE DE SAINTE ODILE.

CHAPITRE Ier.

L'Alsace qui fut comprise dans le royaume d'Austrasie lors du partage de la monarchie française par les fils de Clovis Ier, fut érigée en duché vers l'an 670 sous Childéric II, et donnée à Attic, Adalric ou Éticho, seigneur austrasien et même, selon quelques historiens, parent de ce monarque. Il épousa Béreswinda, alliée de même à la famille royale et tante maternelle de saint Léger, évêque d'Autun. La postérité de ce duc, si célèbre dans l'histoire, a produit non-seulement les comtes d'Alsace, d'Éguisheim, de Habsbourg, de Flandre, de Paris, de Bade, de Zæhringen, et les ducs de Lorraine, mais encore, en ligne féminine, les empereurs d'Allemagne, appelés Saliques, ceux de la maison de Hohenstaufen et la maison des Capets de France.

Attic tenait ordinairement sa cour à Obernai, mais il avait encore un autre château construit sur la cime d'une montagne. Ce donjon, qu'on prétend être un ancien fort construit par les Romains, portait alors le nom d'*Altitona*, traduit par celui de *Hohenbourg*. Du haut de ce lieu on découvre une grande partie de l'Alsace, et cette situation charmante dans le voisinage des forêts engagea peut-être le duc à y fixer sa résidence. L'histoire nous dépeint ce seigneur comme un homme vindicatif, cruel et dominé par les préjugés de son époque. Plusieurs écrivains lui attribuent le meurtre commis sur la personne de saint Germain, abbé de Granfels, et de saint Randaut, prieur du même monastère, qui avaient eu le courage de lui reprocher sa conduite, mais d'autres accusent de ce crime le duc Boniface, qu'on croit avoir gouverné l'Alsace avant Attic. Quoi qu'il en soit, ce dernier donna une preuve de son humeur farouche dans une occasion trop mémorable pour être passée sous silence. Son épouse Béreswinda n'avait pas encore eu le bonheur d'être mère. Comme autrefois la pieuse Anna, elle éleva au ciel des mains suppliantes, demandant au Seigneur un rejeton; ses prières furent exaucées, elle donna le jour à une fille, mais à une fille aveugle.

Attic, qui désirait avoir un fils auquel il pût transmettre ses biens et sa dignité, devint furieux et ne voulut point reconnaître cette enfant, s'imaginant qu'une telle disgrâce déshonorait une famille comme la sienne; il alla plus loin et ordonna dans un premier mouvement de colère qu'on mît à mort l'innocente créature, que Dieu voulait ainsi éprouver dès l'instant même de sa naissance. Béreswinda, qui ne partageait pas les préjugés de son époux, eut pitié de sa fille; persuadée qu'une enfant que la nature elle-même avait disgrâciée, méritait par-là plus d'affection, elle l'éloigna de la maison paternelle et la confia à une nourrice qui habitait Scherwiller, village situé à cinq lieues d'Obernai. La duchesse s'aperçut bientôt que sa fille était trop rapprochée du palais du duc, et craignant que les soins qu'on mettait à la cacher ne trahissent le secret de son séjour dans cette commune, elle fit porter l'enfant au couvent de Beaume-les-Nonnes, en Franche-Comté, pour la confier à l'abbesse de ce monastère. Odile fut donc élevée dans cette maison et trouva une seconde mère dans la digne abbesse, cousine de Béreswinda. La Providence qui avait des vues sur elle. conduisit à Beaume saint Hidulphe et saint Ehrard, deux frères, hommes recommandables par l'austérité de leurs mœurs et leurs hautes vertus. L'un était évêque régionnaire, l'autre avait renoncé à l'évêché de Trèves, afin de suivre son attrait pour la solitude. Ehrard conféra le baptême à Odile, et Hidulphe lui servit de parrain. Le Seigneur fit éclater sa miséricorde envers la fille d'Attic; car avec la grâce du baptème Odile reçut aussi la vue.

Sensible à cette faveur, la jeune duchesse en témoigna sa vive reconnaissance à Dieu. A mesure qu'elle avança en âge, elle voulut aussi avancer en piété et en vertu. Elle apprit que les premières mœurs décident ordinairement du reste de la vie, et qu'on ne saurait trop tôt commencer à aimer celui qui seul mérite l'amour de l'homme. Dès lors elle régla son cœur, ses goûts et ses désirs sur la loi du Seigneur; la religion avec ses sublimes préceptes devint le guide de sa vie, elle couvrit de son égide protectrice celle qu'un père barbare avait repoussée, mais que l'Éternel avait adoptée.

Une jeunesse tendre et florissante, une beauté relevée de l'éclat d'une naissance illustre, des biens, des trésors, les dons de l'esprit, voilà ce qui recommandait la jeune Odile aux yeux du monde; mais toute cette gloire, toute cette magnificence, tout cet orgueil de la grandeur et de l'opulence, la jeune duchesse les foule aux pieds comme de la boue, et la couronne de la sainte virginité lui paraît préférable à l'univers entier. La prière, l'étude, les exercices d'une charité tendre et compatissante remplissent ses moments; elle remporte chaque jour un nouveau triomphe sur ses penchants, sur son amour-propre, elle fait des progrès si rapides dans les voies de la perfection, que la communauté fut ravie à la vue des beaux exemples qu'elle en recevait, et bénit le céleste époux de lui avoir envoyé cette enfant de prédilection. Tendre plante, Odile était encore au printemps de sa vie, et déjà elle paraissait mûre pour le ciel. Elle préludait, à cet âge si peu avancé, aux combats qu'elle devait livrer plus tard, aux sacrifices qu'elle allait faire, lorsque lancée au milieu du tourbillon du monde, elle serait appelée à des choses plus grandes encore. L'amour de Dieu régna exclusivement dans son cœur, et si quelquefois elle reporta ses regards sur la maison paternelle, ce ne fut que pour gémir devant le Seigneur sur l'aveuglement de son père et prier pour lui. Une âme moins grande que la sienne aurait regardé comme un vrai malheur le triste exil, dans lequel elle fut obligée de vivre; mais, élevée à l'école de la sagesse chrétienne, Odile remercia Dieu de l'avoir éprouvée dès son entrée dans ce monde, et prit de là occasion de s'attacher plus fortement à celui qui ne trahit jamais les siens.

Cependant Béreswinda eut encore d'autres enfants et même plusieurs fils qui consolèrent un peu Attic, mais n'adoucirent pas tout à fait son humeur sauvage; car Odile resta étrangère à son amour. La grâce que le Seigneur avait faite à cette dernière en lui accordant l'usage de la vue, ne put fléchir le cœur du père qui resta sourd à toutes les sollicitations de son épouse, lui demandant sans cesse le rappel de sa fille de son lieu d'exil. Les années s'écoulèrent, Odile parut s'effacer de plus en plus du souvenir d'Attic, lorsqu'un jour le jeune Hugues, l'un des fils du duc, touché de la disgrâce qui continuait à peser sur sa sœur, essaya de renverser ce mur de séparation existant toujours entre le père et elle. Ne consultant que son amour pour Odile, et espérant que la présence de celle-ci ferait sur le duc plus d'impression que toutes les paroles, il fit venir secrètetement sa sœur au palais paternel. Déjà Odile, cédant aux vives instances de Hugues, avait quitté le monastère de Beaume, déjà elle gravissait avec sa suite la montagne, sur laquelle était construit le château de Hohenbourg, lorsqu'Attic aperçut le cortège et demanda à Hugues ce que cela pouvait être. Celui-ci informa le père de la tentative qu'il avait faite de réconcilier sa sœur avec l'auteur de ses jours, et lui avoua qu'il avait mandé à Odile de paraître chez ses parents.

Attic devint furieux en entendant ces paroles, et se jeta sur son fils qu'il frappa avec tant de violence que le jeune Hugues mourut, quelque temps après, des suites de ses blessures, laissant, au rapport de quelques historiens, trois enfants en bas âge. Odile qui avait été la cause involontaire de cet accident, ne sut si elle devait avancer ou reculer; le père interdit à la vue du crime qu'il venait de commettre ne la repoussa cependant point, mais faisant un effort sur lui-même, il la reçut avec bonté et lui témoigna de l'amitié.

La jeune vierge resta à la maison paternelle ce qu'elle avait été au monastère, un modèle de piété et de vertu. Son amabilité, ses prévenances, sa candeur, la rendirent en peu de temps chère à tout le monde, et Attic ne déposa pas seulement ses préventions contre elle, mais il la prit en affection et voulut bien recevoir les conseils qu'elle lui donnait. Chose étonnante! celle qui avait été l'objet de la haine et des persécutions de cet homme aveugle, devint tout-à-coup l'objet de ses attentions et de son amour; il la rechercha, la consulta, se fit instruire par elle dans les voies de la sagesse chrétienne et se montra en mille circonstances si docile à ses avis, qu'on l'eût pris pour l'élève de sa fille, tel fut l'ascendant des vertus de la jeune héroïne sur son cœur. Bientôt on remarqua un changement total dans la conduite du duc; sa brutalité, ses emportements, son orgueil s'adoucirent au point qu'on le vit doux, affable, humble et surtout charitable envers ses subordonnés. Et ce retour à des sentiments plus chrétiens ne fut pas l'effet d'une précipitation d'esprit, d'un moment d'effervescence, mais d'une conversion sincère, d'une volonté forte et réfléchie. Désirant s'attacher à jamais celle qui faisait alors les délices de sa vie, Attic proposa à Odile un parti fort avantageux en voulant lui faire épouser un des jeunes seigneurs de sa cour. Mais la jeune vierge avait déjà fait son choix, elle s'était unie par des liens indissolubles au céleste époux, auquel elle avait fait le sacrifice de son cœur et de ses espérances. En vain on étale devant elle toutes les séductions auxquelles tant d'autres n'auraient pu résister; les sollicitations, les promesses, les terreurs même affermissent davantage notre Sainte dans sa généreuse résolution, et les flammes qu'on cherche à allumer en elle, viennent s'éteindre dans l'ardeur qu'elle ressent pour Jésus-Christ. Attic, à en croire quelques historiens, s'irrite de cette résistance à ses volontés et recommence ses persécutions envers Odile; celle-ci, déguisée en mendiante, se dérobe à la fureur du père, s'enfuit du château, traverse le Rhin et s'arrête enfin au pied d'un rocher près de Fribourg en Brisgau; mais elle voit tout-à-coup son père qui la poursuit. Elle implore le secours du Seigneur, le rocher s'entr'ouvre, et Odile s'y cache comme dans un asile impénétrable aux regards du duc. Elle y reste jusqu'après le danger, et ne retourne à la maison paternelle qu'après avoir reçu l'assurance qu'on ne violenterait pas sa conscience. Sans avoir recours à des détails de cette nature (dont les historiens contemporains ne parlent point), il suffit de faire observer à nos lecteurs, qu'Attic pressé par les vives instances de sa fille consentit enfin au désir qu'elle avait exprimé si fortement, et lui permit de se consacrer à Dieu par les vœux de la religion. Il alla plus loin; car ne voulant pas se priver de la société de celle dont il avait appris à apprécier la vertu, il lui céda le château de Hohenbourg, pour la mettre à même d'y établir une communauté religieuse dont elle devait être l'abbesse.

CHAPITRE II.

On ne saurait dépeindre l'ivresse d'Odile, en apprenant cette résolution généreuse de son père. Elle alla aussitôt se jeter aux pieds de son Époux céleste, pour lui exprimer sa vive reconnaissance d'avoir touché le cœur d'Attic. Elle était au comble du bonheur, elle pouvait suivre son attrait pour la vie intérieure, vivre pour Dieu seul, goûter ces délices ineffables, ces douceurs spirituelles, qui enivrent l'âme fidèle quand elle est unie à celui dont l'amour lui tient lieu de tout, en remplaçant par ses grâces les fades jouissances de la terre.

Comme elle croyait que tous les instants qu'elle passait encore au milieu du monde étaient un vol fait à Dieu, elle pressa l'ouvrage de l'établissement de son monastère. Jusqu'à cette époque l'Alsace n'avait encore vu s'élever aucun couvent de femmes, et il était réservé à celle que le Seigneur avait conduite comme par la main, de donner à notre province l'exemple de la plus profonde abnégation et de devenir en quelque sorte la mère et le modèle de cette multitude de vierges, qui, marchant sur les traces d'Odile, renoncèrent par la suite aux avantages de la terre pour s'ensevelir dans la solitude du cloître. La résolution de la fille d'Attic fit une telle impression sur les jeunes personnes du pays, qu'on en vit accourir de toutes parts, demandant à s'enrôler sous la bannière de la religion et à être les émules des hautes vertus de la sainte fondatrice.

Lorsqu'enfin le château de Hohenbourg fut converti en monastère, Odile alla prendre possession de cette maison que son père lui abandonna avec tous les revenus et terres qui en dépendaient. La sainte Vierge Marie fut choisie pour être la patronne de la communauté naissante, qui s'accrut en peu d'années au point qu'Odile compta jusqu'à cent trente religieuses, s'animant les unes les autres au bien, marchant de vertu en vertu et n'aspirant qu'au bonheur de plaire au céleste Époux qu'elles avaient choisi. La piété et la charité formaient le lien de l'union qui régnait entre elles. Elles présentaient au monde le spectacle admirable de l'abnégation la plus entière, ne formaient qu'un cœur et qu'une âme, et rivalisaient d'héroïsme et de zèle pour procurer en tout la gloire de Dieu. La conduite d'Odile servait de règle à ces vierges ferventes : ce qu'elle avait vu pratiquer au monastère de Beaume, elle le réfléchissait comme dans un miroir, et le reflet de ses perfections embrasait tous les cœurs de ce feu sacré que le Sauveur était venu allumer sur la terre[1]. Tout dans la vie de la sainte abbesse portait le cachet de cette grandeur d'âme, à laquelle la religion, bien comprise, élève ses enfants. Fidèle imitatrice du divin modèle de toutes les vertus, Odile pouvait dire à ses filles avec l'apôtre[2] : « Imitez-moi, comme des filles très-chères. » — Sa piété était

---

[1] Luc 12, 49. | [2] 1. Corinth. 4, 16.

tendre, compatissante, humble, courageuse et n'avait rien d'exclusif. Jamais elle n'exigeait des autres que ce qu'elle pratiquait la première. Pénétrée du véritable esprit du christianisme, elle était sévère pour elle-même, douce et charitable envers ses compagnes, le commandement était tempéré par la douceur, l'obéissance devint par là même facile, ou plutôt, Odile ordonnait par sa conduite plus que par ses paroles; ses exemples subjuguaient et entraînaient tous les cœurs.

Hohenbourg retraça donc alors le spectacle de ce que la piété offre de plus sublime, et la vertu de plus consolant et de plus héroïque. Attic lui-même fut si touché de la vie édifiante de sa fille, qu'il céda au monastère toutes les terres et revenus qui dépendaient du château de Hohenbourg. Il procéda ensuite au partage de ses autres biens, et nomma Odile héritière de tous ceux qu'il s'était réservés durant sa vie : mais comme il ne put résister à l'attrait des beaux exemples de la sainte abbesse, il renonça au monde et alla se retirer au monastère avec Béreswinda, son épouse, pour y vivre selon les maximes de la religion. Il répara ainsi par une vie pénitente les désordres qui avaient souillé sa jeunesse, et se soumit à tout ce qu'Odile voulut bien lui prescrire. La mort vint le surprendre au milieu de ses mortifications, le vingt février 690. Un auteur contemporain rapporte que la sainte abbesse eut une vision, dans laquelle elle apprit que le duc expiait au purgatoire la dureté qu'il avait montrée autrefois envers elle, et qu'elle obtint par ses prières la délivrance de son père; c'est ce qui fut cause qu'on donna plus tard le titre de saint au duc Attic; mais l'Église ne lui a jamais rendu de culte public.

Jusqu'alors la communauté de Hohenbourg ne suivait

point de règle écrite, les religieuses se bornaient à imiter la conduite de leur vénérable mère et fondatrice. Mais Odile, craignant qu'après sa mort le relâchement ne se glissât dans sa maison et ne détruisît son œuvre, réunit un jour ses sœurs pour délibérer avec elles sur le genre de vie à adopter définitivement. Elle savait trop bien que les religieuses se prononceraient plutôt pour la vie monastique que pour la vie canonique, comme étant plus austère; mais consultant et la disposition des lieux et la faiblesse humaine, elle crut devoir choisir de préférence celle qui conviendrait mieux à ses vertueuses filles et leur dit entre autres :

« Je sais, mes très-chères sœurs, que nous ne pouvons trop faire pour Jésus-Christ, et que les plus grandes austérités ne doivent jamais effrayer les disciples d'un Dieu crucifié. Mais allons au-devant des reproches de celles qui nous suivront: la situation de notre monastère demande un travail qu'elles ne pourraient soutenir; car à peine pouvons-nous nous procurer un peu d'eau sans de grandes fatigues. Mettons donc des bornes à des austérités qui accablent le corps sans consoler l'âme; mais n'en mettons jamais à des pratiques qui purifient le cœur et le sanctifient. La vie canonique me paraît donc plus convenable aux circonstances où nous nous trouvons[1]. »

Ce conseil fut pesé et adopté par les sœurs qui choisirent la règle canonique, faisant toutefois des vœux solennels, ce qui ne se pratiquait pas dans toutes les maisons religieuses, où les chanoinesses avaient quelquefois la liberté de quitter les monastères.

La règle canonique, une fois introduite à Hohenbourg,

---

[1] Voyez LAGUILLE, *Histoire d'Alsace*, liv. 7.

produisit les plus heureux résultats. Les chanoinesses se vouèrent avec une nouvelle ardeur aux devoirs de leur état. Leur haute naissance, le généreux sacrifice qu'elles avaient fait du monde et des plaisirs qui les y attendaient, donnaient un nouveau lustre à leur vocation.

Que la religion est belle, quand elle est comprise comme la comprenaient ces humbles servantes du Seigneur! Si cette religion n'avait d'autres titres à notre reconnaissance que celui de nous avoir délivrés des absurdités du paganisme, en substituant aux brillantes fictions de la mythologie des notions si pures et si belles sur Dieu et sur nos devoirs, elle mériterait déjà notre amour; mais elle est venue révéler à la terre de nouvelles vertus : elle a renversé ce mur de séparation qui existait entre les hommes, en leur apprenant qu'ils étaient tous frères, en cimentant par les liens de la charité l'union qu'elle a établie entre eux, en leur apprenant à se secourir mutuellement, en ennoblissant la pauvreté et en réhabilitant ainsi dans leurs droits d'hommes ceux que les païens n'avaient pas jugés dignes de leur attention. C'est cette charité qui inspira aux premiers chrétiens ce noble dévouement à soulager leur prochain, à voler au-devant de ses besoins et à confondre dans ce sentiment de commisération ceux-là même qui s'étaient déclarés leurs persécuteurs.

Odile qui aimait tant son Dieu, pouvait-elle être insensible aux maux de son prochain? Dès qu'elle vit sa communauté raffermie dans le bien, elle porta ses vues plus loin et forma le projet de faire construire un hôpital pour y soigner les pauvres et les malades. Elle affecta à cet établissement une partie des biens que son père lui avait laissés. L'hôpital fut élevé au bas de la montagne, afin d'éviter aux nécessiteux la peine de monter jusqu'au monastère, et dédié à saint Nicolas. Chaque jour la digne abbesse s'y rendait, accompagnée de quelques-unes de ses religieuses pour visiter les infirmes et leur procurer toutes sortes de soulagements. Comme ses compagnes admiraient l'ardeur de sa charité, mais qu'elles craignaient que ses fatigues continuelles ne nuisissent à sa santé, elles lui proposèrent d'ériger un second monastère auprès de l'hospice même pour les mettre en état de mieux soigner les malades. Odile pressée par les raisons de ses filles, céda à leurs instances, et le couvent de *Niedermünster* s'éleva bientôt au pied de la montagne, pour servir d'asile aux religieuses qui desservirent l'hôpital. Il fut fondé vers l'an 700.

Odile se réserva l'administration des deux maisons qu'elle gouverna seule jusqu'à sa mort; cependant par une sage prévoyance et pour prévenir toute contestation, elle divisa en deux parties égales tous ses biens, à l'exception de la cour ducale située à Obernai, qui resta indivise entre les deux communautés pour attester leur origine commune et leur rappeler l'union qu'elle désirait maintenir entre elles.

Pour confirmer à jamais ses intentions, Odile fit une espèce de testament que nous allons transcrire ici et qui remonte vers l'an 708.

« Au nom de la très-sainte et indivisible Trinité. Amen.

« Comme il arrive souvent que les choses les plus ordinaires s'effacent de la mémoire des hommes, à moins qu'elles ne soient confirmées par des lettres testimoniales, moi Odile, par la grâce de Dieu, abbesse des monastères supérieur et inférieur de Hohenbourg, ai voulu faire connaître par écrit à toutes celles qui me succéderont, que mon père, le duc Adalric, ayant été appelé de ce monde, et moi ayant été instituée héritière légitime et gouvernante de tous ses biens, serfs et employés publics, j'ai, pour le salut de l'âme de mon père, de ma mère et de mes frères chéris, cédé à l'usage de ces deux monastères dédiés en l'honneur de la sainte Vierge Marie et d'autres saints, tout ce qui a été sous la juridiction et le pouvoir de mon père et sous les miens; j'ai cédé cela avec tous les droits, ainsi que mon père me l'avait ordonné avant sa mort; j'ai décidé que ces deux abbayes fussent égales en toutes choses à un tel point qu'aucune ne surpassât l'autre en richesses et en dignité.

« Ensuite ayant consulté l'empereur et d'autres hommes honorables, et ayant appris que du partage égal de ces biens à l'une et à l'autre église il résulterait un grand avantage pour nous, tous nos employés publics ont été mandés et obligés par serment de procéder au partage le plus équitable de tous les revenus de l'église en deux parties, à l'exception de la cour ducale d'Ehenheim, que, à cause de sa dignité et des souvenirs qui s'y rattachent, parce qu'elle était appelée cour publique du duc et qu'elle avait été dès les temps les plus reculés le siége de la justice du duc, j'ai voulu conserver indivise et devant appartenir à l'usage des deux abbesses, afin qu'aux jours convenus elles pussent siéger ensemble dans ladite cour, soit pour conférer les bénéfices, soit pour traiter des affaires publiques et privées, et que ce soit là un moyen efficace de maintenir cette amitié, par laquelle elles prouveraient qu'entre deux supérieures de deux congrégations tout doit être égal. Mais comme un tel partage de nos employés n'a pu se faire sans préjudice des églises, puisque nous craignons que, soit par des divisions ou des guerres, soit par la mort, soit par la pauvreté, soit par des for-mariages ou par d'autres cas semblables, une partie ne soit opprimée tandis que l'autre s'élève, et que de cette manière l'une des deux églises ne soit lésée ou perde de son éclat, nous avons ordonné que lesdits employés fussent soumis à chacune des abbesses pour lui obéir en tout ce qui regarde le service. La postérité saura de plus, que toutes les donations que j'ai faites à ces églises sont assujetties à la dîme envers ces dites églises, etc. »

CHAPITRE III.

Celui dont le cœur est étroitement uni à Dieu, n'a pas de plus douce consolation que celle de ne point perdre la présence du Seigneur; la prière est, selon saint Augustin, la mesure de l'amour qu'il lui porte. Quiconque aime beauconp, prie beaucoup; qui aime peu, prie peu. L'âme dévouée à Dieu trouve un véritable plaisir à parler souvent à Dieu, à penser aux vérités éternelles, à adorer sa grandeur, à bénir ses miséricordes, à s'abandonner à lui. Dans ce commerce de l'âme avec son Créateur, celle-ci verse dans le sein de ce père si tendre toutes les peines qui viennent l'assiéger, elle ne cherche qu'en lui des secours, des grâces, des remèdes aux maux inséparables de la vie; c'est surtout dans l'exercice de la prière qu'elle puise les forces nécessaires pour se soutenir et faire des progrès dans la vie intérieure. Et ce fut là la conduite d'Odile.

Le cloître ne fut point pour elle un lieu de captivité, mais un lieu de paix, un séjour plein de charmes. En obéissant à la règle qu'elle avait établie, elle obéissait à l'évangile même, elle renonçait au monde et au péché :

en se dépouillant des biens qu'il lui aurait fallu quitter tôt ou tard, elle se revêtit de Jésus-Christ qui l'enrichit de sa pauvreté. La virginité du corps qu'elle avait vouée ne tendit qu'à lui procurer celle de l'esprit; elle consacra ainsi au céleste Époux tous ses désirs, toutes ses pensées. Elle donna tout à Dieu pour recevoir aussi tout de lui.

Dieu qui ne se laisse jamais vaincre en générosité, accorda à sa servante des grâces extraordinaires, surtout celle d'une patience héroïque. Quoique les austérités auxquelles Odile s'était condamnée, eussent miné sa santé et lui causassent parfois de violentes douleurs, elle ne se plaignit jamais et supporta toutes les infirmités corporelles avec une force d'âme qui tenait du prodige. Le désir de souffrir pour le Sauveur crucifié lui fit repousser les soulagements que l'ingénieuse charité de ses religieuses inventa pour calmer ses souffrances. Elle pouvait dire avec l'apôtre saint Paul : « Si je vis, ce n'est plus moi, mais Jésus-Christ qui vit en moi[1]. »

La réputation de ses vertus se répandit bientôt au loin, et de toutes parts on vit accourir des fidèles, curieux de contempler les traits de la femme forte et d'entendre de sa bouche quelques paroles de consolation.

L'histoire rapporte qu'allant un jour visiter le monastère de Niedermünster, elle vit couché sur son chemin un lépreux exténué de fatigues et dévoré d'une soif brûlante. Ne prévoyant point comment elle pourrait soulager cet infortuné, elle frappa de son bâton le rocher contre lequel le malheureux était appuyé, et il en jaillit sur-le-champ une source limpide qui prit le nom de la

[1] H. 2, 20.

sainte et dans les eaux de laquelle les fidèles cherchent un remède contre les maux d'yeux.

A mesure qu'Odile approchait du terme de sa carrière, sa foi paraissait grandir encore, son amour pour Dieu et sa charité pour le prochain augmentèrent. Comme elle n'avait point enseveli son espérance dans les choses corruptibles, ni nourri son cœur de mensonges, elle ne redouta point de se présenter à son juge suprême. Pauvre et crucifiée, quoique née au sein de l'opulence, elle n'avait tenu à rien ici-bas, elle leva tranquillement la tête, voyant descendre la rédemption[1]. Le divin Époux allait essuyer ses larmes, lui donner le baisser de paix et la couronner de gloire. Mûre pour le ciel, cette épouse de Jésus-Christ attendait avec calme le moment qui devait à jamais l'unir à lui. Déjà la faiblesse de son corps l'avertissait du moment où tout allait finir pour elle dans ce monde, lorsqu'elle se fit porter à la chapelle de saint Jean-Baptiste, pour lequel elle avait toujours eu une dévotion particulière. Toutes ses religieuses l'entourèrent, fondant en larmes et ne pouvant se faire à l'idée d'être séparées d'une si bonne mère. Elle leur adressa une allocution pathétique pour les exhorter à la pratique des vertus, qui constituent la véritable religieuse. Puis elle demanda et reçut avec une ferveur angélique les sacrements de l'Église. Quelques historiens disent qu'un ange descendit du ciel et vint lui apporter un calice, dans lequel était renfermé le sang adorable de Jésus-Christ, que sainte Odile ayant pris le calice, se communia elle-même; c'est ce qui, dans la suite, donna occasion aux peintres et aux sculpteurs de la représenter avec un calice entre les mains. Ce vase

---

[1] Jérém. 13, 20.

qu'on enchâssa dans de l'or et de l'argent fut conservé à Hohenbourg jusqu'en 1546, d'où il fut transporté à Saverne et disparut pendant la guerre des Suédois.

Il est difficile de préciser l'époque de la mort de sainte Odile. Quelques auteurs prétendent qu'elle arriva vers l'an 720; d'autres rapportent, au contraire, que le Seigneur lui accorda une vie bien plus longue et qu'elle ne mourut que vers l'an 760, âgée de près de 103 ans.

La mort d'Odile répandit le deuil non-seulement dans la communauté qu'elle avait si sagement gouvernée, mais dans tout le pays. Une foule immense de fidèles accourut pour voir encore celle qui avait été regardée comme l'ange tutélaire de la contrée, et on peut dire que le culte d'Odile remonte presqu'au moment même de son décès. Le corps de la sainte fut porté avec pompe et enterré à la chapelle de saint Jean-Baptiste à Hohenbourg, où ce précieux dépôt s'est conservé depuis tant de siècles malgré les incendies, les guerres et d'autres fléaux qui ont si souvent ravagé le monastère. L'auteur contemporain de sa vie lui donne déjà le titre de bienheureuse, et sa fête se trouve inscrite dans l'ancien martyrologe parmi les plus solennelles qu'on célébrait au huitième siècle dans le diocèse de Strasbourg. La haute idée qu'on avait eue des sublimes vertus d'Odile fut bientôt confirmée par de nombreux miracles opérés auprès de son tombeau. Mille siècles se sont écoulés depuis la mort de la fille d'Attic, et son nom est encore prononcé avec la même vénération qu'à l'époque où elle édifiait l'Alsace par sa sainteté; c'est que ses vertus ont pénétré en quelque sorte jusqu'à la moëlle de ses os; « c'est que ses os ont refleuri en leur place; car ils ont fortifié Jacob, et ils se sont rattachés eux-mêmes par la vertu de leur foi [1]. » Le culte que l'Église catholique a, en tout temps, rendu à Odile, a été autorisé par les bulles des papes, par les mandements de plusieurs évêques, et attesté enfin par la dévotion constante des fidèles de tous les siècles.

Le domaine Sainte-Odile a successivement passé depuis 1793 entre les mains du chanoine Rumpler, de M. Laquiante, de M. Wittmann, de M. l'abbé L'huillier. Il est de nos jours entre celles de MM. les abbés Baillard. Depuis que ces derniers en ont fait l'acquisition, ce domaine paraît reprendre une nouvelle vie. De nombreuses et importantes réparations ont été faites à l'église, aux chapelles, au couvent et même à la fontaine Sainte-Odile. C'est au zèle infatigable, à la constante persévérance de ces mêmes messieurs qu'est dû le rétablissement d'un monastère sur le tombeau du bienheureux Pierre Fourrier à Mattincourt, dans les Vosges, ainsi que d'un autre, situé sur la belle montagne de Sion-Vaudémont (Meurthe), en l'honneur de la sainte Vierge.

O vous, qui nous entendez du haut du ciel où vous êtes assise avec Jésus-Christ, bienheureuse Patronne de notre province, vous nous aimerez toujours et vous nous avez déjà aimés, puisque vous nous avez obtenu tant de grâces. Nous vous prions de demander à Dieu qu'il ressuscite notre foi, afin que la vie chrétienne ne s'éteigne pas en nous. Votre corps précieux est notre trésor et notre joie; le souvenir de vos vertus nous pénétrera, par la grâce de Jésus-Christ, de ce véritable esprit du christianisme qui nous endurcira contre nous-mêmes, contre le monde tyrannique et contre tous les traits de l'ennemi

---

[1] Ecclés. 49.

de notre salut. Obtenez-nous par votre puissante intercession la grâce de participer un jour à votre gloire et à votre couronne dans le règne de celui que vous aimâtes si ardemment, et qui sera à jamais votre récompense. Ainsi soit-t-il[1].

NEUVAINE

EN L'HONNEUR DE SAINTE ODILE.

Les grâces multipliées que les fidèles ont obtenues en tout temps par l'intercession de sainte Odile, attestent d'une manière incontestable le crédit dont jouit auprès de Dieu cette bienheureuse protectrice de l'Alsace. C'est pour les guider dans leur dévotion envers elle, que nous avons inséré à la suite de sa vie une neuvaine, afin que la considération des hautes vertus d'Odile provoque dans leurs cœurs le vif désir d'imiter, autant qu'il est en eux et que leur état le permet, sa conduite si belle et si méritoire. Les saints ne sont pas seulement nos amis et nos intercesseurs auprès du Seigneur, ils doivent encore être nos modèles, et, comme le remarque si bien saint Ambroise, la meilleure invocation consiste à imiter leurs vertus. Puisse donc la lecture de ces courtes méditations réveiller dans les esprits le don de foi, sans laquelle il est impossible de plaire à Dieu.

PREMIER JOUR.

ODILE, MODÈLE D'HUMILITÉ.

L'humilité est la base de toutes les vertus; le Seigneur donne sa grâce aux humbles[2], et ce n'est que soutenus par cette grâce que nous pouvons élever en nous l'édifice de la perfection chrétienne. Deux choses doivent pro-

[1] FÉNÉLON. | [2] S. JACQUES 4, 6.

duire l'humilité en nous : la première est la considération de l'abîme de misère, d'où Dieu nous a tirés et au-dessus duquel il nous tient comme suspendus; la seconde est l'idée de la présence de ce Dieu qui est tout. Si nous aimons réellement le Seigneur, nous serons humbles, nous ne nous aimerons plus nous-mêmes d'un amour déréglé, nous aimerons, au contraire, tout ce qu'il veut. C'est de ce principe que partait Odile pour établir dans son cœur la précieuse vertu d'humilité. Privée de la vue au moment même de sa naissance, exilée de la maison paternelle, méconnue et obligée de passer parmi les étrangers les premières années de sa vie, elle supporta toutes ces humiliations en vue de plaire à celui qui daigna naître dans une crèche, qui fut aussi méconnu, persécuté par l'ombrageux Hérode et obligé de s'enfuir en Égypte avec sa sainte mère et son père nourricier, et qui plus tard, pendant qu'il annonça l'évangile aux hommes, n'avait pas même d'endroit pour reposer sa tête[1]. A son exemple, la fille d'Attic se soumit sans réserve aux épreuves du ciel; et plus le Seigneur paraissait l'éprouver, plus elle s'anéantissait et s'humiliait devant lui. Douce et paisible, elle avait le cœur contrit et porté à la miséricorde; tranquille, obéissante, vigilante, pleine de ferveur, elle se mettait toujours au dernier rang, se réjouissait quand on la méprisait, regardant les autres comme au-dessus d'elle, indulgente aux faiblesses d'autrui, elle ne se préférait jamais à personne.

Pour acquérir cette belle vertu d'humilité, il faut chercher à nous connaître nous-mêmes et nous assurer si l'orgueil et l'amour-propre ne dominent pas en nous,

[1] Luc 9, 58.

ne jamais parler de nous, subir, sans murmurer, les contradictions et être disposés à recevoir tout de la main de Dieu, le bien comme le mal. Le désespoir de notre faiblesse ne doit jamais nous empêcher de travailler à l'acquisition de l'humilité; notre confiance en Dieu doit être entière, elle seule peut nous encourager dans la lutte pénible qu'il nous faut soutenir contre nous-mêmes et contre le monde. Comme Odile il faut combattre avec courage, et nous triompherons de nos ennemis comme elle a triomphé des siens.

Prière.

O vous! qui avez dit dans votre évangile: « Apprenez de moi que je suis doux et humble de cœur », Sauveur de tous les hommes, accordez-nous par l'intercession de sainte Odile la vertu d'humilité! brisez en nous l'orgueil et tout ce qui s'opposera à notre parfaite union avec vous. Établissez en nous la simplicité de cœur et d'esprit, et faites-nous désirer de participer à votre vie humiliée. O bon Jésus! qui avez souffert tant d'opprobres et d'humiliations pour nous, imprimez dans nos âmes l'estime et l'amour des souffrances, détruisez nos répugnances et changez nos cœurs si durs et si rebelles, afin que nous recevions un jour dans le ciel les récompenses promises à ceux qui vous ont suivi fidèlement sur la terre. Ainsi soit-il.

DEUXIÈME JOUR.

Odile, modèle de ferveur.

« Apprenez-nous à prier », disaient autrefois les apôtres au Seigneur. Cette demande chaque chrétien doit l'adresser à Dieu pour obtenir le don de prière. Prier est une élévation de l'âme à Dieu, une communication intime avec lui, un désir de cœur uni aux désirs de Jésus-Christ, offert au Seigneur par les mérites de l'Homme-Dieu. Ce désir suppose le sentiment de nos besoins. L'homme qui prie, dit saint Augustin, c'est un pauvre qui cherche à se soulager en versant ses larmes dans le sein de son Père céleste, en lui confiant ses peines. La prière ne consiste pas dans un flux de paroles, dans un vain verbiage, mais dans le sentiment du cœur exprimant ses besoins, ses sensations, se dépouillant de tout pour écouter les divines inspirations et pour se conformer à elles. Notre Dieu qui voit le fond des cœurs ne se laisse pas tant toucher par le son de la voix que par le mouvement du cœur, par ces secrets gémissements de la colombe, par ces soupirs enflammés, par ces élancements d'une âme s'unissant à lui. C'est ainsi que priait Odile. Il aurait fallu la voir s'abîmant en la présence de Dieu, fermant la porte de son cœur aux sens, suspendant tout l'exercice de ses puissances pour laisser un libre cours à ses désirs, à ses vœux. Ce fut dans ces moments heureux qu'elle obtint de Dieu ces grâces qui l'élevèrent tellement au-dessus des faiblesses de la terre, qu'elle semblait ne plus appartenir au monde que par les liens qu'il ne lui était pas permis de briser. La prière fit ses plus chères délices, fit son délassement et le repos de son âme au milieu des graves occupations qui absorbaient presque tous ses instants. La prière lui procura cette force d'âme dont elle eut besoin pour fonder et diriger avec tant de sagesse une communauté nombreuse, pour imprimer à son établissement cette impulsion religieuse dont l'Alsace n'avait pas encore eu d'exemple.

Ah! si les chrétiens savaient prier comme Odile, ils

obtiendraient aussi plus de grâces, si leurs cœurs étaient plus purs, leur esprit plus détaché des vanités du siècle, ils comprendraient mieux leurs intérêts éternels, ils feraient plus de progrès dans les voies de la perfection chrétienne, qui est cependant l'unique but auquel doit tendre l'âme, puisque tout le reste n'est rien.

Prière.

O Père céleste! de tous les pères le plus tendre! vous nous avez permis de vous donner ce doux nom. Vous avez établi au plus haut des cieux votre empire, et nous! nous errons sur la terre, en proie à mille passions qui nous agitent. Béni soit votre nom! Que votre miséricorde continue à se répandre sur nous! Que votre règne arrive, le règne de la sainteté, de la justice! Que tous les mortels accomplissent votre volonté comme elle s'accomplit au ciel, cette volonté sainte qui désire notre sanctification, ainsi que votre divin Fils nous l'a appris dans son évangile. Accordez-nous outre le pain matériel qui nourrit notre corps, encore le pain véritable, le pain qui nourrit et fortifie nos âmes! Oubliez nos offenses; car malgré nos résolutions nous péchons tous les jours, et faites que nous aussi nous pardonnions à ceux qui nous ont offensés. Père céleste! ne nous abandonnez point, mais protégez-nous sans cesse. Le péché est le seul mal que nous ayons à craindre, délivrez-nous-en par votre grâce et conservez-la toujours en nous, afin que nous soyons vos vrais enfants comme vous êtes notre véritable père. Ainsi soit-il.

TROISIÈME JOUR.

Odile, modèle d'abnégation d'elle-même.

En devenant chrétiens, nous nous sommes rangés sous la bannière de Jésus-Christ, que nous devons chercher à imiter en toutes choses. D'après ce beau modèle, tout en nous doit plier sous l'empire de la foi; ainsi plus de complaisance pour le monde et pour nous-mêmes, plus d'indulgence pour nos passions et pour nos sens. Notre vie doit être une vie mortifiée, intérieure, une pratique constante de la vertu. Le véritable chrétien sait qu'il est obligé de déployer sans cesse de la force et du courage, de se faire violence en toutes rencontres pour résister au torrent du monde, pour se détacher de soi-même et rechercher avant tout le royaume de Dieu et la justice[1]. Formée d'après les préceptes de cette sagesse, Odile ne raisonna pas sur la loi de Dieu; mais elle la reçut, l'adora et la suivit aveuglément, se soumettant au Seigneur, qui sait mieux que nous ce qui nous convient. Elle porta avec fidélité le joug de la loi divine, fit taire l'homme en elle-même, et attendit de sa grâce la force d'accomplir ce qu'il commande. Plus elle se détachait d'elle-même, et plus elle se rapprochait de Dieu. En vidant son cœur de toutes les affections terrestres, elle y alluma et y augmenta sans cesse la flamme de cet amour divin qui consuma petit à petit ses attaches mortelles. Dieu était son souverain bien et sa dernière fin; elle ne voulut goûter de joie qu'en lui, ne mit sa confiance qu'en lui. Elle lui offrit souvent ses pensées, ne désira jamais d'être louée et estimée des hommes, se regardant, au contraire, comme un être inutile et digne de mépris.

---

[1] Matth. 6, 33.

PRIÈRE.

Elevez nos cœurs vers vous, ô Dieu de bonté et d'amour! Détachez-nous de la terre et de nous-mêmes. Faites que nous vous rapportions tout, et que devenant chaque jour plus indifférents aux choses passagères, nous nous attachions à acquérir des trésors impérissables qui résistent aux ravages du temps, à la perfidie des hommes, et qui nous procurent un jour l'entrée du royaume céleste. Vous seul êtes grand, à vous seul revient la gloire, à nous la confusion. Pénétrés du sentiment de nôtre misère, nous cherchons de plus en plus à nous effacer aux yeux du monde, pour nous établir en vous, notre unique consolation et notre espérance dans ce monde et dans l'autre. Ainsi soit-il.

QUATRIÈME JOUR.

ODILE, MODÈLE DE RÉSISTANCE AUX TENTATIONS.

Depuis la désobéissance d'Adam le péché a envahi le cœur de l'homme pour y établir son domaine : depuis ce moment, selon les paroles de saint Jean[1], « tout ce qui est dans le monde est ou concupiscence de la chair, ou concupiscence des yeux, ou orgueil de la vie. » Il ne faut donc point s'étonner que l'homme soit enclin au mal, qu'il éprouve des tentations et même les plus honteuses. C'est pour cela que l'écriture sainte dit : « Mon fils, entrant dans la servitude de Dieu, prépare ton âme à la tentation[2]. » Et l'ange dit à Tobie : « Parce que vous étiez agréable à Dieu, il a été nécessaire que la tentation vous éprouvât[3]. »

Tout est tentation pour l'homme sur la terre, la

---

[1] 1. ÉPIT. 2, 16. | [2] ECCLÉS. 2, 1. | [3] TOBIE 12, 13.

prospérité nous flatte d'une part, et l'adversité nous abat et nous révolte de l'autre. Notre vie est un combat continuel; mais Jésus-Christ qui a aussi été tenté, combat avec nous. Quand la tentation gronde autour ou au milieu de nous, il ne faut pas se laisser décourager, comme le pilote surpris par la tempête sur la haute mer, n'en continue pas moins sa course en dirigeant avec habileté son vaisseau pour échapper au danger. Sans tentation il n'y a point de victoire, et sans victoire point de récompense à espérer. Tous les Saints ont eu de rudes épreuves à supporter, et ces tentations leur ont été d'une grande utilité en les humiliant, les purifiant et les instruisant.

Odile passa au creuset des épreuves comme tous les hommes; mais elle leur opposa toujours une vigoureuse résistance, elle fuit les occasions du péché et arracha de son cœur la racine du mal. La source de la plupart des tentations est l'inconstance de l'esprit, la légèreté du cœur et le peu de confiance en Dieu. Pour ne point succomber, il faut une grande vigilance, une forte volonté, un prompt recours à Dieu. C'est par de tels moyens qu'on arrive à posséder la paix de l'âme, et à triompher petit à petit de soi-même et des occasions extérieures.

Prière.

Ouvrez-nous, ô Seigneur, l'étendue infinie de votre cœur paternel pour y plonger le nôtre et n'en faire qu'un avec le vôtre! Faibles roseaux, nous plions sous le moindre vent de la tentation, si vous ne nous secourez pas. Notre existence est exposée à tant de traverses, qu'il nous est impossible de nous soutenir si votre grâce ne nous soutient pas. Notre ennemi tourne autour de nous comme un lion rugissant pour nous dévorer : couvrez-nous de l'égide de votre puissante protection, afin que nous résistions à ses traits; et si nous avions le malheur de succomber, relevez-nous aussitôt et ne permettez point que nous restions plongés dans le péché. Vous ne voulez point la mort du pécheur, mais vous désirez qu'il se convertisse et qu'il vive. Ah! faites que nous vivions, et que notre conversion soit sincère, pour nous mériter un jour la vie éternelle. Ainsi soit-il.

CINQUIÈME JOUR.

Odile, modèle de patience.

L'homme est né pour souffrir; les croix que Dieu nous envoie, sont des moyens beaucoup plus efficaces pour nous unir à lui que les faveurs qu'il nous accorde. Nous avons besoin d'être souvent visités par des épreuves et humiliés par des contradictions pour ne point nous endormir dans une molle et funeste sécurité. Quand Dieu nous frappe, c'est le médecin charitable qui nous abat pour nous guérir. Quelqu'amer que soit alors le calice, il faut l'approcher des lèvres et le boire avec courage comme Jésus-Christ au jardin des oliviers. Il est vrai que notre nature se révolte souvent quand l'adversité vient fondre sur nous; mais si notre amour pour Dieu était plus grand, nous ne reculerions pas devant les souffrances, qui sont comme l'échelle par laquelle il nous faut monter au ciel.

Odile était née dans un palais; sa naissance l'appelait aux jouissances et aux faveurs de ce monde; mais privée de la lumière du jour, repoussée par son père et obligée de passer les plus belles années de sa vie dans une maison étrangère, elle apprit à connaître dès sa tendre enfance ce qui blesse le plus l'orgueil de l'homme. Quoique plus tard Dieu, par un miracle de sa grâce, lui eût accordé l'usage de la vue, elle n'en continua pas moins d'être l'objet des préventions d'Attic; mais toutes ces contradictions n'altérèrent jamais sa patience et ne lui arrachèrent aucun cri de plainte. Elle savait que les croix sont le pain quotidien de l'homme, que l'âme a besoin d'une certaine mesure de souffrances comme le corps a besoin d'aliments : d'ailleurs comme les croix ne sont jamais sans fruit quand elles sont accueillies dans un esprit de sacrifice, elle les accepta comme des marques de miséricorde devenant pour elle une grande source de grâces. Ce qui attriste la nature, réjouit la foi; la paix que trouve l'âme dans sa soumission à la volonté du Seigneur est accompagnée des plus purs plaisirs; car le Seigneur console toujours après avoir crucifié, et il console d'une manière véritable et solide. Au moment où les peines viennent pleuvoir sur nous, il faut nous jeter dans les bras de la miséricorde de Dieu et ne point aller mendier les secours des hommes. Que peuvent-ils pour nous ceux-ci? Ils sont inconstants, faibles, aveugles; les uns ne veulent pas ce qu'ils peuvent, les autres ne peuvent pas ce qu'ils veulent, et s'appuyer sur leur protection, c'est bâtir sur le sable; mais Dieu est toujours notre ami sincère, lui ne nous trahit jamais, c'est toujours nous qui le trahissons les premiers. Non-seulement nous l'abandonnons, mais nous servons encore de supplices les uns aux autres. Pour trouver des consolations au milieu des afflictions de cette vie, il faut nous renoncer nous-mêmes, faire la guerre à notre amour-propre et vouloir ce que Dieu veut.

Prière.

Notre vie n'est qu'un temps d'épreuves pour nous purifier et nous détacher de nous-mêmes. Donnez-nous, ô Seigneur, la force de supporter avec patience les croix qu'il vous plaît de nous envoyer. Vous savez que naturellement nous haïssons l'adversité, et cependant c'est par la croix que nous avons été sauvés, ce n'est que par elle que nous pouvons un jour entrer dans votre royaume. Le ciel souffre violence, et il n'y a que ceux qui se feront violence qui l'emporteront. Inspirez-nous cette force d'âme, ce courage, cette patience que vous donnâtes autrefois aux martyrs, qu'ont possédés tous les saints, afin qu'à leur exemple nous puissions par les souffrances mériter de plus en plus votre grâce, et que portant notre croix à la suite de votre divin Fils, nous parvenions à la vie éternelle.

SIXIÈME JOUR.

Odile, modèle de chasteté.

La pureté est une vertu si délicate que presque tous les coups qu'on lui porte sont mortels : c'est une fleur tendre que le souffle le plus léger peut flétrir. Les vases dans lesquels nous la portons sont si fragiles, qu'ils peuvent être brisés à la moindre rencontre. Cette vertu rencontre les ennemis les plus redoutables ; toujours attentif à nous perdre, l'esprit impur nous tend continuellement des piéges pour nous ravir le précieux trésor de la chasteté ; mais l'ennemi le plus dangereux, c'est sans contredit celui que nous portons en nous-mêmes, notre propre cœur. Au milieu de tant d'écueils nous ne pouvons être trop sur nos gardes, et il faut souvent nous rappeler ces paroles que l'apôtre des nations adressait à son disciple saint Timothée : « Conservez-vous chaste[1]. » Aussi Jésus-Christ ne voulut-il naître que d'une vierge; aussi, quoiqu'il aimât tendrement tous ses disciples, montra-t-il une prédilection spéciale pour saint Jean, fondée sur une chasteté plus excellente; ce fut à ce disciple bien-aimé qu'il fut accordé de reposer sur le sein de Jésus-Christ et de lui demander l'éclaircissement des mystères sur lesquels les autres apôtres n'osèrent point interroger leur maître commun. Le Sauveur recommanda à ses apôtres de « tenir leurs reins toujours ceints »[2], de faire une constante violence à la chair pour en réprimer tous les mouvements déréglés. Le saint homme Job fit un pacte avec ses yeux pour ne jamais les arrêter sur un objet capable d'altérer sa pureté. On sait qu'un regard fit tomber un des plus saints rois d'Israël.

Il y a deux sortes de puretés, celle du corps et celle du cœur. La première consiste dans une privation entière de tous les plaisirs qui peuvent flétrir la chasteté, la seconde dans un parfait éloignement de toutes les pensées, de tous les désirs qui peuvent souiller l'innocence, et cette double chasteté, Odile l'a pratiquée. Non-seulement elle repoussa toutes les instances de son père qui désirait l'établir d'une manière très-convenable dans le monde, mais elle veilla sur son cœur pour fermer l'entrée à tout ce qui aurait pu affaiblir en elle la sainte résolution qu'elle avait prise de rester fidèle au Seigneur. Cette précieuse vertu exigea d'elle une vigilance extrême, des combats continuels. Connaissant la faiblesse de la nature humaine, elle redoubla

---

[1] 1 ad Timoth. 5, 22. | [2] S. Luc 12, 35.

sans cesse d'efforts pour se préserver de toute atteinte. Le triomphe qu'elle avait remporté sur elle-même un jour, l'avertit de ne jamais se relâcher, et marchant ainsi de victoire en victoire, elle finit par dompter à jamais sa chair et à conserver son âme pure aux yeux du Seigneur.

A l'exemple de tant de Saints qui ont possédé au plus haut degré cette belle vertu, le chrétien doit veiller sur son cœur et sur ses sens, qui sont comme les portes par lesquelles les images de la volupté pénètrent au fond de l'âme, se priver de tout ce qui provoque et entretient la rébellion de la chair contre l'esprit, repousser les mauvais désirs, être sobre, éviter les occasions du péché et surtout frapper son imagination des terreurs de la mort, et comme eux il surmontera les assauts du corps.

Prière.

Source de toute pureté, aimable Jésus! inspirez-nous un tendre amour pour la belle vertu de chasteté! Éloignez de nous tout ce qui pourrait en ternir l'éclat! Embrasez nos cœurs du feu sacré du Saint-Esprit; purifiez notre chair et nos sens, et faites que nos cœurs soient le sanctuaire de notre amour. Ne permettez point que la sainteté du caractère du christianisme que nous avons reçu au baptême, soit jamais souillée en nous. Aidez-nous à combattre, encouragez notre faiblesse, et faites que, sortant triomphants des luttes avec la chair, revêtus de la robe de l'innocence, nous puissions un jour vous suivre avec ceux qui suivent l'Agneau[1] pour chanter à jamais vos louanges dans tous les siècles des siècles. Ainsi soit-il.

---

[1] Apocal. 14, 4.

SEPTIÈME JOUR.

Odile, modèle d'amour de Dieu.

Serait-il nécessaire de rappeler ici au chrétien qu'il doit aimer Dieu ? Eh quoi ! celui qui nous a faits pour lui, sans lequel nous ne sommes, nous ne pouvons rien, ne serait pas l'objet constant de notre amour ? Ce qui fait que les hommes ne comprennent pas cette vérité, c'est qu'ils n'aiment qu'eux et ne veulent aimer qu'eux-mêmes. Ils ne comprennent point ce que signifient ces paroles : *qu'il faut aimer Dieu plus que soi-même et ne s'aimer soi-même qu'en lui.* Cette vérité les accable, ils n'osent la nier ; mais elle leur échappe, parce qu'ils oublient à tout moment qu'ils sont des créatures, qu'ils doivent tout à leur Créateur, avec lequel ils voudraient toujours compter pour trouver leur intérêt jusque dans le tribut d'amour qui lui est dû. S'ils se faisaient justice à eux-mêmes, s'ils se demandaient : Nous sommes-nous faits nous-mêmes ? Sommes-nous à Dieu ou à nous ? Nous a-t-il faits pour lui ou pour nous ? ils ne seraient pas si inconséquents avec eux-mêmes.

« Tu aimeras le Seigneur ton Dieu de tout ton cœur, de toute ton âme, de toutes tes forces », dit Jésus-Christ dans l'évangile. Cette loi est si claire et si précise, qu'elle n'a pas besoin d'explication. Elle avait été écrite dans le cœur de l'homme au moment même où celui-ci reçut l'existence ; mais les passions la défigurèrent au point, que le Sauveur fut obligé de la promulguer en quelque sorte de nouveau. Et cependant ! combien y a-t-il de chrétiens qui aiment Dieu d'un amour réel et sincère ? A examiner la vie d'une foule d'entre eux, n'est-on pas, au contraire, porté à croire que le Sei-

Lith. de L. Havard à Strasbg.

Vue des Batimens de Ste. Odile.

gneur ne tient que peu de place dans leur cœur? Cette agitation continuelle, ce soin des affaires, cette soif des richesses, cette ambition, cette poursuite des plaisirs, que sont-ils autre chose si ce n'est des marques d'un cœur dans lequel l'amour de Dieu est, sinon entièrement éteint, du moins bien faiblement établi. Il n'est pas question ici de ces infidélités à la loi du Seigneur, de ces infractions grossières à la volonté du maître suprême, auquel toute la nature obéit et que l'homme seul outrage; car en les jugeant même au tribunal de la raison on peut dire que là où il y a désobéissance, il ne peut y avoir d'amour. Quels beaux exemples Odile nous laissa-t-elle à cet égard! Qu'il fut vif dans son cœur l'amour qu'elle y nourrissait pour Dieu! Quelles vertus ne lui inspira-t-il pas! Que l'homme se juge donc aussi pour s'assurer s'il aime Dieu non en paroles, mais en effet, c'est-à-dire, s'il prouve cet amour par une vie sainte et vertueuse, s'il est disposé à éviter tout ce qui peut le priver de l'amitié du meilleur des pères, s'il est, au contraire, prêt à faire tout ce qui lui est agréable. Cette disposition de l'âme indique le degré d'amour auquel le chrétien est parvenu, et le prévient que, s'il n'aime point Dieu dans ce monde, il ne pourra le posséder un jour dans l'autre.

Prière.

O mon Dieu! vous êtes souverainement aimable, allumez dans nos cœurs la flamme de votre amour! O amour infini! brûlez, consumez, anéantissez dans ces cœurs tout ce qui n'est pas à vous! Faites-en un holocauste parfait. Vous êtes la source de tous les biens, qui aimerions-nous si ce n'est vous? Ingrats! nous déplaçons si souvent nos affections, notre amour se reporte sur des objets éphémères et nous vous oublions, vous qui êtes éternel! Il n'en sera plus ainsi à l'avenir, votre loi sera l'objet de nos méditations et votre amour le guide de nos actions. Venez prendre possession de nos cœurs qui vous sont acquis désormais. Vous seul y régnerez, votre amour seul y dominera, et rien ne pourra plus nous séparer de celui que nous sommes appelés à aimer dans toute l'éternité. Ainsi soit-il.

HUITIÈME JOUR.

ODILE, MODÈLE DE CHARITÉ.

A l'amour de Dieu doit se joindre dans nos cœurs la charité, cette excellente vertu qui nous fait aimer notre prochain comme nous-mêmes. Par suite du précepte qui nous oblige à chérir tous nos semblables, nous sommes tenus à procurer leur bonheur comme le nôtre propre; à éloigner d'eux ce qui peut être contraire à leur félicité, comme nous cherchons à détourner de nous ce qui est un obstacle au nôtre. La nature nous a liés si étroitement les uns aux autres, que, quelque service que nous nous rendions, quelque dévouement que nous montrions, jamais nous n'épuiserons ce fonds d'obligation qu'elle a mis en nous pour nous entr'aider. C'est pour cela que l'Apôtre a dit : « Ne devez rien à personne, si ce n'est de vous aimer les uns les autres[1]. » Notre prochain est membre du même corps auquel nous appartenons; fils adoptif de Dieu, frère et cohéritier de Jésus-Christ, appelé à participer un jour à la gloire éternelle comme nous, notre devoir est donc de l'aimer, de le secourir dans ses besoins, de le soulager et de l'assister

[1] Rom. 13, 8.

selon nos moyens tant dans l'ordre de la grâce que dans l'ordre de la nature.

Qu'Odile s'est encore illustrée par sa charité! Le sort de tant de jeunes personnes exposées aux dangers du monde la toucha si vivement, qu'elle les recueillit dans son monastère qui devint l'asile de la vertu et de la sainteté. Lorsque plus tard elle eut pourvu à leur sort, elle voulut aussi s'occuper des pauvres et des malades, fonda un hôpital qu'elle alla visiter chaque jour, ne comptant pour rien ni les fatigues, ni l'intempérie des saisons, ni les autres inconvénients attachés à un fréquent déplacement. Une charité si active se communiqua aussi à ses sœurs, et le nom d'Odile fut bientôt prononcé partout avec amour et reconnaissance.

L'amour du prochain n'est pas seulement un devoir, mais encore un avantage; car il nous dispose à l'amour de Dieu, comme dit saint Grégoire-le-Grand, puisqu'en aimant notre prochain que nous voyons, nous parvenons à aimer celui que nous ne voyons point. C'est ce qui fit aussi dire à saint Augustin, que « pour commencer à aimer Dieu ici-bas et pour l'aimer un jour parfaitement et pleinement au ciel, il faut nous exercer dans l'amour du prochain, il faut faire notre apprentissage et notre essai sur ce dernier. » L'homme qui néglige son prochain, qui le dédaigne et qui n'est point ému de ses misères, oublie petit à petit son Dieu, devient ingrat envers lui, ne connaîtra pas ses propres imperfections et n'élevera que rarement son cœur au ciel. — La charité est tellement nécessaire, que notre foi, fût-elle vive jusqu'à transporter des montagnes, sans la charité nous ne serions rien. N'éludons donc jamais par aucun motif quelconque ce grand précepte, qui est, après l'amour de Dieu, la base de tous nos devoirs;

soyons charitables pour obtenir un jour miséricorde de celui qui ne laissera pas sans récompense le verre d'eau donné en son nom au dernier de ses enfants.

PRIÈRE.

Divin modèle de la charité, Jésus-Christ notre Sauveur! faites descendre dans nos cœurs quelques rayons de cette précieuse vertu qui vous porta à vous immoler pour nous! Vous ne reculâtes pas devant le supplice de la croix pour racheter ceux que vous aimâtes sans qu'ils le méritassent; faites que nous aussi nous aimions ceux pour lesquels votre sang a coulé. Ils sont vos frères, ils sont vos enfants, comment pourrions-nous être indifférents envers eux! Renversez par votre grâce tous les obstacles qui s'opposent dans nos cœurs à cette charité, le lien de tous les chrétiens et le signe auquel vous voulez reconnaître vos enfants, afin qu'unis sur la terre, nous puissions un jour nous confondre en un même amour dans ce royaume, où il n'y aura plus de foi et d'espérance, mais où l'amour seul régnera. Ainsi soit-il.

NEUVIÈME JOUR.

ODILE, MODÈLE D'AMOUR DE LA PERFECTION.

Si l'homme considérait souvent la fin pour laquelle il est créé, il ne ferait pas tant de fausses démarches; sa vie ne serait pas si agitée, et au moment de la mort il n'éprouverait pas tant de remords; mais tel est son aveuglement qu'il déplace toujours ses affections, et que perdant de vue le but qu'il doit atteindre, il s'attache à des choses qui compromettent son éternité bienheureuse. Cependant au milieu de cette agitation une voix intérieure lui rappelle sans cesse qu'il est placé sur cette terre pour pratiquer la vertu, pour tendre à la perfection et pour s'assurer par de constants efforts une place dans ce royaume, dont l'entrée ne sera un jour accordée qu'à la sainteté. C'est cette voix qui peupla autrefois les déserts de la Thébaïde, qui arracha des milliers de chrétiens à la mollesse du siècle, qui conduisit au pied des autels tant de victimes de l'amour divin; c'est elle qui soutint la ferveur des anachorètes, qui les fortifia dans leurs austérités, et qui provoqua en eux ce noble élan vers le ciel, qui en fit des hommes nouveaux donnant à la terre le sublime spectacle de vertus que ne connut jamais le paganisme.

Ici encore Odile nous est dépeinte par l'histoire comme un modèle d'amour de la perfection. Le désir d'avancer dans la vie intérieure lui inspira le courage de sacrifier les avantages d'une haute naissance, les jouissances auxquelles l'appelaient les richesses de son père, elle préféra la pauvreté du cloître à ce vain étalage du monde, parce qu'elle trouva dans cette profonde abnégation d'elle-même une compensation aux sacrifices qu'elle avait faits. Elle regarda comme perdu le jour où elle n'avait pas fait quelque progrès dans la perfection chrétienne. Jamais elle ne se laissa rebuter par les difficultés qu'elle rencontra, et avança d'autant plus rapidement dans la piété, qu'elle sentit la grâce de l'Époux céleste l'attirant à elle par ces consolations que goûte l'âme qui s'est donnée entièrement à lui.

Que de reproches une foule de chrétiens n'ont-ils pas à se faire? Combien en voit-on s'occuper sérieusement de leur salut ou de leur avancement dans les voies de la perfection? Entraînés par le torrent du monde, ils ne donnent leurs soins qu'aux affaires du siècle, accumulent des trésors qui ne peuvent les suivre au-delà du tombeau, et pensent peu à en amasser pour l'éternité. Jamais peut-être ou rarement ils feront un retour sur eux-mêmes pour se demander s'ils sont dans la voie étroite qui conduit au ciel, si leur vie est conforme à l'évangile, si, à mesure qu'ils avancent en âge, ils avancent en vertu et en perfection. Ce déplorable aveuglement portera ses fruits; après avoir, selon le langage énergique de nos saintes écritures, semé des vents, ils ne recueilleront un jour que des tempêtes.

Prière.

Vous nous avez créés pour vous, ô Seigneur! vous voulez un jour nous rendre heureux au ciel; mais par une inconcevable légèreté nous nous éloignons de vous, nous fuyons la lumière pour marcher dans les ténèbres. Élevez donc nos cœurs vers vous et faites que devenus indifférents aux choses de ce monde, nous tendions sans cesse à une plus grande perfection. Que sont tous les biens de ce monde quand on les compare au trésor de votre amour! Arrachez-nous à ces soins du siècle, en provoquant dans nos âmes une volonté plus prononcée à acquérir des biens dignes de la sollicitude du chrétien. Faites que, vivant pour vous, nous fassions tout servir dans ce monde à notre avancement spirituel. Faites passer dans nos cœurs quelques-uns de ces stériles désirs que nous formerons au moment de la mort; produisez en nous maintenant ces désirs efficaces de renoncement à nous-mêmes, puisque c'est par là que nous ferons de véritables progrès dans la vie intérieure, dans cette vie de vertu et d'amour qui est un avant-goût des délices célestes. Ainsi soit-il.

LITANIES

EN L'HONNEUR DE SAINTE ODILE.

Seigneur, ayez pitié de nous.
Jésus-Christ, ayez pitié de nous.
Seigneur, ayez pitié de nous.
Jésus-Christ, écoutez-nous.
Jésus-Christ, exaucez-nous.
Dieu le Père, Créateur du ciel, ayez pitié de nous.
Fils de Dieu, Sauveur du monde, ayez pitié de nous.
Esprit-Saint, qui êtes Dieu, ayez pitié de nous.
Sainte Trinité, qui êtes un seul Dieu, ayez pitié de nous.

Priez pour nous :

Sainte Marie, reine des vierges,
Saint Joseph, chaste époux de la plus pure des vierges,
Sainte Odile, qui êtes née aveugle et qui reçutes la vue avec la grâce du baptême,
Sainte Odile, enfant du miracle,
Sainte Odile, qui avez été éprouvée dès votre enfance,
Sainte Odile, qui fîtes, dès votre enfance, de si rapides progrès dans la vertu,
Sainte Odile, qui méprisâtes le monde pour vous consacrer à Dieu,
Sainte Odile, qui recherchâtes avant tout le royaume de Dieu,
Sainte Odile, qui fondâtes un célèbre monastère de vierges,
Sainte Odile, modèle de toutes les vertus chrétiennes,
Sainte Odile, mère des pauvres,
Sainte Odile, qui avez consolé tant de malades,

Sainte Odile, qui avez soulagé tant d'infortunés,
Sainte Odile, qui avez si généreusement employé l'héritage paternel,
Sainte Odile, qui aviez le don de gouverner les esprits,
Sainte Odile, qui aviez le don de toucher les cœurs,
Sainte Odile, qui délivrâtes par vos prières l'âme de votre père des flammes du purgatoire,
Sainte Odile, qui fîtes jaillir une source d'eau des flancs d'un rocher,
Sainte Odile, puissante protectrice de l'Alsace,
Sainte Odile, règle des personnes consacrées à Dieu,
Sainte Odile, directrice des séculiers,
Sainte Odile, refuge des peuples dans les calamités publiques,
Sainte Odile, miroir des vierges,
Sainte Odile, qui reçûtes tant de grâces du Seigneur,
Sainte Odile, qui laissâtes à l'Alsace comme un héritage le souvenir de vos vertus,
Sainte Odile, qui nous protégez du haut du ciel,
Sainte Odile, qui êtes à jamais heureuse dans le sein de Dieu,

Priez pour nous.

Soyez-nous propice, pardonnez-nous, Seigneur.
Soyez-nous propice, exaucez-nous, Seigneur.
De tout mal, délivrez-nous, Seigneur.
De votre colère, délivrez-nous, Seigneur.
De l'esprit d'impureté, délivrez-nous, Seigneur.
De la mort éternelle, délivrez-nous, Seigneur.
Du mépris de vos saintes inspirations, délivrez-nous, Seigneur.

Par le mystère de votre sainte incarnation,
Par votre naissance,
Par votre enfance,
Par votre sainte vie,
Par vos travaux,
Par vos souffrances et votre agonie,
Par votre croix,
Par votre mort et votre sépulture,
Par votre résurrection,
Par votre ascension,
Par vos joies,
Par votre gloire,

} Délivrez-nous, Seigneur.

Agneau de Dieu qui effacez les péchés du monde, pardonnez-nous, Seigneur.

Agneau de Dieu qui effacez les péchés du monde, exaucez-nous, Seigneur.

Agneau de Dieu qui effacez les péchés du monde, ayez pitié de nous, Seigneur.

Jésus-Christ, écoutez-nous.

Jésus-Christ, exaucez-nous.

Prière.

Seigneur, Dieu tout-puissant et éternel, qui, par votre grâce, avez daigné délivrer de la cécité dans laquelle elle naquit la bienheureuse Odile, votre servante; nous vous prions par son intercession de nous délivrer de l'aveuglement de l'esprit et d'éclairer nos âmes, afin que connaissant la vérité, nous accomplissions en tout votre sainte volonté pour parvenir un jour à ce royaume, dans lequel Odile a mérité d'entrer par ses vertus. Nous vous demandons cette grâce par notre Seigneur Jésus-Christ, qui vit et règne éternellement avec vous en l'unité du Saint-Esprit dans tous les siècles des siècles. Ainsi soit-il.

PRIÈRE A SAINTE ODILE,

Pour obtenir la guérison et la conservation des yeux.

O bienheureuse vierge, vous que le Seigneur avait choisie pour être l'instrument de ses miséricordes et qu'il avait comblée de ses grâces dès votre tendre enfance en vous accordant d'une manière miraculeuse l'usage de la vue, je m'adresse à vous dans ce pressant besoin, en vous priant d'intercéder pour moi auprès de lui, afin que j'obtienne la guérison de l'infirmité qui m'accable! Vous qui avez aussi enduré la cruelle privation des yeux, ne me refusez pas votre puissante assistance auprès de Dieu, pour que ma vue se conserve et que je n'en use que pour sa gloire et pour mon salut. Ne rejetez point mon humble supplication, ô sainte Odile, notre patronne et notre refuge dans ces moments d'épreuves, et montrez-vous surtout ma protectrice à l'heure de la mort. Ainsi soit-il.

PRIÈRE A SAINTE ODILE

Dans un moment d'affliction.

Mon Seigneur et mon Dieu qui seul êtes grand, daignez m'assister dans le délaissement où je me trouve. Je reconnais que vous êtes juste et que c'est à mes péchés que je dois attribuer l'affliction qui pèse sur moi dans ce moment. Souvenez-vous de vos miséricordes, et faites rentrer la joie et le calme dans mon âme abattue. Je n'ai à vous offrir que mes infidélités et mes ingratitudes; mais je réclame votre grâce par l'intercession de sainte Odile, notre glorieuse patronne. Cette vierge a su vous plaire autrefois par ses vertus, exaucez les prières que je vous adresse par sa médiation, et accordez-moi la force de supporter pour vous l'épreuve à laquelle vous m'avez soumis, afin que soutenu par la protection de sainte Odile, je puisse marcher avec plus de fidélité dans le sentier de mes devoirs et vous plaire. Et vous, bienheureuse servante du Seigneur, intercédez pour moi auprès du Tout-Puissant, soyez ma mère et protégez-moi dans l'affliction présente. Ainsi soit-il.

PRIÈRE

A réciter devant les reliques de sainte Odile.

Tout respire ici la bonne odeur de vos vertus, ô sainte Odile, épouse de l'Agneau sans tache. Ces reliques que l'Église, notre sainte mère, a exposées sur cet autel, nous rappellent votre tendre amour pour Dieu, votre profonde abnégation de vous-même et en même temps le bonheur dont vous jouissez au ciel. Ah! obtenez-nous la grâce de cette foi vive qui vous fit opérer de si grandes choses, afin que nous aussi, qui sommes les fils des Saints [1], nous vivions selon la foi. Oui, nous promettons devant ce dépôt sacré de rester toujours attachés à cette foi antique, qui seule remonte jusqu'à Jésus-Christ, et de n'avoir jamais d'autre religion que celle que vous avez honorée par votre vie sainte et dans laquelle vous avez trouvé votre gloire. Veillez sur l'Alsace, ô vierge si digne de notre amour, fléchissez la colère du Seigneur que nous offensons si souvent par nos péchés, afin qu'enfants dociles de l'Église catholique, nous puis-

---

[1] Tobie.

sions, comme vous, faire du bien dans cette vie et nous réunir un jour avec vous sous la houlette du Pasteur suprême de nos âmes. Ainsi soit-il.

PRIÈRE A LA SAINTE VIERGE MARIE.

Souvenez-vous, ô Vierge pleine de bonté, que jusqu'à ce jour on n'a point entendu dire qu'aucun de ceux qui se sont mis sous votre protection, qui ont réclamé votre intercession et imploré votre secours, ait jamais été abandonné. Animé des mêmes motifs de confiance, ô Vierge des vierges, ô ma mère, tout pécheur que je suis, j'accours me réfugier auprès de vous, je viens en gémissant me prosterner à vos pieds. O mère de mon Dieu! ne dédaignez pas ma prière, mais soyez-moi propice et daignez l'exaucer! Ainsi soit-il.

AUTRE PRIÈRE A LA SAINTE VIERGE MARIE.

Écoute, mon cœur! écoute cette parole que ton Dieu mourant t'adresse du haut de la croix : *Voilà votre Mère!* O vous, auguste Marie! daignez écouter cette parole que votre divin Fils vous adressa en mourant : *Voilà votre fils!* Veuillez-vous souvenir de cette parole. Je suis votre enfant : soyez ma mère et faites-moi éprouver les effets de votre tendresse maternelle. C'est du haut de la croix que je vous ai été recommandé, c'est au pied de la croix que vous m'avez adopté. O mère d'amour et de douleur, ne permettez pas que le sang adorable de votre divin Fils ait été versé inutilement pour moi; mais obtenez-moi la grâce d'en recueillir les fruits. Je vous promets de prendre pour vous les sentiments d'un véritable enfant, la fidélité, la soumission, le respect et la tendresse qu'un fils doit avoir pour sa mère. Je sais que pour vous honorer dignement, je dois avant tout obéir à votre Fils, accomplir sa volonté, qui n'est autre chose que ma sanctification; car je n'aurais aucune part à votre protection si j'outrageais Jésus-Christ par mes péchés : je veux donc dès ce moment m'appliquer avec une nouvelle ardeur à remplir les devoirs que la religion m'impose, afin de devenir un véritable fils de la plus douce des mères. Ainsi soit-il.

PRIÈRE A SAINT JOSEPH.

Chaste époux de la plus pure des vierges, saint Joseph! vous qui avez été choisi pour être le père nourricier et le gardien du Christ, vous qui avez eu le bonheur de vivre si longtemps dans la familiarité de Jésus et de Marie, obtenez-nous par vos mérites toutes les grâces dont nous avons besoin pour remplir dignement les devoirs de notre état! Vous savez à combien de dangers notre vertu est exposée dans ce monde : daignez donc vous intéresser à nous, et en portant au pied du trône de notre divin Sauveur nos vœux et nos supplications, demandez pour nous la faveur de mourir comme vous dans la paix et l'amitié de Jésus-Christ, qui vit et règne avec le Père et le Saint-Esprit dans tous les siècles des siècles. Ainsi soit-il.

PRIÈRE A SAINT JEAN-BAPTISTE,

Que sainte Odile honorait d'une manière particulière.

Saint Précurseur du Sauveur des hommes! vous avez été envoyé pour préparer les cœurs à la réception de l'évangile et appeler les Juifs à la pénitence; puissions-nous, dociles à votre voix, préparer aussi nos cœurs à la réception de la parole de vie et faire de dignes fruits de pénitence. Votre vie et votre mort ont été un témoignage éclatant rendu à la vérité que vous annonçâtes avec tant de force ; nous vous supplions de nous obtenir la grâce de régler aussi notre vie sur les maximes de la religion, afin que notre mort soit comme la vôtre précieuse aux yeux de celui qui voulut être baptisé par vous, quoiqu'il ne connût point le péché. Ainsi soit-il.

LITANIES

Pour la bonne mort[1].

Seigneur Jésus ! Dieu de bonté et de miséricorde, je me présente devant vous avec un cœur humilié, brisé et confondu ; je vous recommande ma dernière heure et ce qui doit la suivre.

Quand mes pieds immobiles m'avertiront que ma course en ce monde est près de finir, miséricordieux Jésus, ayez pitié de moi.

Quand mes yeux, obscurcis et troublés des approches de la mort, porteront leurs regards tristes et mourants vers vous, miséricordieux Jésus, ayez pitié de moi.

Quand mes lèvres, froides et tremblantes, prononceront pour la dernière fois votre adorable nom, miséricordieux Jésus, ayez pitié de moi.

Quand mes joues, pâles et livides, inspireront aux assistants la compassion et la terreur, et que mes cheveux baignés des sueurs de la mort, s'élevant sur ma tête, annonceront ma fin prochaine, miséricordieux Jésus, ayez pitié de moi.

Quand mes oreilles prêtes à se fermer pour toujours aux discours des hommes, s'ouvriront pour entendre

---

[1] Ces litanies ont été rédigées par une demoiselle protestante qui se convertit à la religion catholique et qui mourut peu de temps après en odeur de sainteté.

votre voix prononçant l'arrêt irrévocable qui doit fixer mon sort pour l'éternité, miséricordieux Jésus, ayez pitié de moi.

Quand mon imagination, agitée de fantômes sombres et effrayants, sera plongée dans une tristesse mortelle, que mon esprit troublé par la vue de mes iniquités et par la crainte de votre justice, luttera contre l'ange des ténèbres qui voudrait me dérober la vue de vos miséricordes et me jeter dans le désespoir, miséricordieux Jésus, ayez pitié de moi.

Quand mon faible cœur, accablé par la douleur de la maladie, sera saisi des horreurs de la mort et épuisé par les efforts qu'il aura faits contre les ennemis de mon salut, miséricordieux Jésus, ayez pitié de moi.

Quand je verserai mes dernières larmes, symptômes de ma destruction, recevez-les en sacrifice d'expiation, afin que j'expire comme une victime de la pénitence, et, dans ce terrible moment, miséricordieux Jésus, ayez pitié de moi.

Quand mes parents et mes amis, assemblés autour de moi, s'attendriront sur mon état, et vous invoqueront pour moi, miséricordieux Jésus, ayez pitié de moi.

Quand j'aurai perdu l'usage de tous mes sens, que le monde entier aura disparu pour moi, et que je serai dans les oppressions de ma dernière agonie et dans le travail de la mort, miséricordieux Jésus, ayez pitié de moi.

Quand les derniers soupirs de mon cœur presseront mon âme de sortir du corps, acceptez-les comme venant d'une sainte impatience d'aller à vous, miséricordieux Jésus, ayez pitié de moi.

Quand mon âme, sur le bord de mes lèvres, sortira pour toujours de ce monde et laissera mon corps pâle, glacé et sans vie, acceptez la destruction de mon être comme un hommage que je veux rendre à votre divine majesté, miséricordieux Jésus, ayez pitié de moi.

Enfin quand mon âme paraîtra devant vous et qu'elle verra pour la première fois l'éclat de votre majesté, ne la rejetez pas de devant votre face, daignez me recevoir dans le sein de votre miséricorde, afin que je chante éternellement vos louanges, miséricordieux Jésus, ayez pitié de moi.

Prière.

O Dieu, qui nous condamnant à la mort, nous en avez caché le moment et l'heure, faites que passant dans la justice et la sainteté tous les jours de ma vie, je puisse mériter de sortir de ce monde dans la paix d'une bonne conscience et mourir dans votre amour; par notre Seigneur Jésus-Christ qui vit et règne avec vous dans l'unité du Saint-Esprit. Ainsi soit-il.

PRIÈRES DURANT LA SAINTE MESSE.

Pendant que le Prêtre est au bas de l'autel.

Permettez-moi, divin Sauveur, de m'unir d'intention au ministre de vos autels, pour offrir la précieuse victime de mon salut; et donnez-moi les sentiments que j'aurais dû avoir sur le Calvaire, si j'avais assisté au sacrifice sanglant de votre passion.

Au Kyrie eleison.

Divin Créateur de nos âmes, ayez pitié de l'ouvrage de vos mains; Père miséricordieux, faites miséricorde à vos enfants.

Au Gloria in excelsis.

La gloire que vous méritez, ô mon Dieu, ne peut vous être dignement rendue que dans le ciel; mon cœur fait néanmoins ce qu'il peut sur la terre au milieu de son exil; il vous loue, il vous bénit, il vous adore, il vous glorifie, il vous rend grâce, et vous reconnaît pour le Saint des Saints et pour le seul Seigneur souverain du ciel et de la terre, Père, Fils et Saint-Esprit.

A l'Oraison.

Accordez-nous, Seigneur, par l'intercession de la sainte Vierge et des Saints que nous honorons, toutes les grâces que votre ministre vous demande pour lui et pour nous. M'unissant à lui, je vous fais la même prière pour ceux et pour celles pour lesquels je suis obligé de prier.

A l'Épître.

Mon Dieu, vous m'avez appelé à la connaissance de votre sainte loi, préférablement à tant de peuples qui vivent dans l'ignorance de vos mystères. Je l'accepte de tout mon cœur, cette divine loi, et j'écoute avec respect les sacrés oracles que vous avez prononcés par la bouche de vos prophètes. Je les révère avec toute la soumission qui est due à la parole d'un Dieu, et j'en vois l'accomplissement avec toute la joie de mon âme.

A l'Évangile.

Ce ne sont plus, ô mon Dieu, les prophètes ni les apôtres qui vont m'instruire de mes devoirs; c'est votre fils unique, c'est sa parole que je vais entendre. Mais hélas! que me servira d'avoir cru que c'est votre parole, Seigneur Jésus, si je n'agis pas conformément à ma croyance? Que me servira, lorsque je paraîtrai devant vous, d'avoir eu la foi sans le mérite de la charité et des bonnes œuvres? Inspirez-moi donc le courage et la force de pratiquer ce que je crois.

Au Credo.

J'embrasse votre sainte doctrine, ô mon aimable Jésus! en présence de toute la Cour céleste et du monde entier; je rejette tout ce qui peut lui être contraire. C'est dans cette foi que je veux vivre et mourir, prêt à donner mon sang et ma vie, plutôt que de jamais l'abandonner; parce c'est vous qui l'avez révélée, et que vous ne pouvez ni faillir ni tromper.

A l'Offertoire.

Père infiniment saint, Dieu tout-puissant et éternel, quelque indigne que je sois de paraître devant vous, j'ose vous présenter cette hostie par les mains du prêtre, avec l'intention qu'a eue Jésus-Christ mon Sauveur, lorsqu'il institua ce sacrifice, et qu'il a encore au moment qu'il s'immole ici pour moi.

Je vous l'offre pour reconnaître votre souverain domaine sur moi et sur toutes les créatures. Je vous l'offre pour l'expiation de mes péchés et en actions de grâces de tous les bienfaits dont vous m'avez comblé.

Je vous l'offre enfin, mon Dieu, cet auguste sacrifice, afin d'obtenir de votre bonté infinie pour moi, pour mes parents, pour mes bienfaiteurs, mes amis et mes ennemis, ces grâces précieuses du salut, qui ne peuvent être accordées à un pécheur qu'en vue des mérites de Jésus-Christ.

A la Préface.

Détachez-nous, Seigneur, de toutes les choses d'ici-bas; élevez nos cœurs vers le ciel; attachez-les à vous seul, et souffrez qu'en vous rendant les louanges et les actions de grâces qui vous sont dues, nous unissions nos faibles voix aux concerts des esprits bienheureux et que nous disions dans le lieu de notre exil, ce qu'ils chantent sans cesse dans le séjour de la gloire : Saint, saint, saint est le Seigneur, le Dieu des armées; qu'il soit glorifié au plus haut des cieux.

Au Canon.

Nous vous conjurons, au nom de Jésus-Christ votre fils et notre Seigneur, ô Père infiniment miséricordieux !

d'avoir pour agréable et de bénir l'offrande que nous vous présentons, afin qu'il vous plaise de conserver, de défendre et de gouverner votre sainte Église catholique, avec tous les membres qui la composent, le pape, notre évèque, ceux qui nous gouvernent, et généralement tous ceux qui font profession de votre sainte foi.

Nous vous recommandons en particulier, Seigneur, ceux pour qui la justice, la reconnaissance et la charité nous obligent de prier, tous ceux qui sont présents à cet adorable sacrifice, et singulièrement N. et N. Et afin, grand Dieu, que nos hommages vous soient plus agréables, nous nous unissons à la glorieuse Vierge Marie, mère de notre Dieu et Seigneur Jésus-Christ, à tous vos apôtres, à tous les bienheureux martyrs, et à tous les saints qui composent avec nous une même Église.

Que n'ai-je en ce moment, ô mon Dieu! les désirs enflammés avec lesquels les saints patriarches souhaitaient la venue du Messie! Que n'ai-je leur foi et leur amour! Venez, Seigneur Jésus, venez accomplir un mystère qui est l'abrégé de toutes vos merveilles.

A l'Élévation.

Contentez-vous d'adorer et de vous tenir dans l'étonnement à la vue de Jésus-Christ qui descend sur l'autel.

A la suite du Canon.

Quelles seraient donc désormais ma malice et mon ingratitude, si après avoir vu ce que je vois, je consentais à vous offenser? Non, mon Dieu, je n'oublierai jamais ce que vous me représentez par cette auguste cérémonie, les souffrances de votre passion, la gloire de votre résurrection, votre corps tout déchiré, votre sang répandu pour nous, réellement présent à mes yeux sur cet autel.

Oui, grand Dieu, nous devons vous le dire, il y a ici plus que tous les sacrifices d'Abel, d'Abraham, et de Melchisédech, la seule victime digne de votre autel, notre Seigneur Jésus-Christ votre fils, l'unique objet de vos éternelles complaisances.

Que tous ceux qui participent ici, de la bouche, ou du cœur, à cette sacrée victime soient remplis de sa bénédiction.

Que cette bénédiction se répande, ô mon Dieu! sur les âmes des fidèles qui sont morts dans la paix de l'Église, et particulièrement sur l'âme de N. et de N. Accordez-leur, Seigneur, en vue de ce sacrifice la délivrance entière de leurs peines.

Au Pater.

Récitez-le dévotement avec le Prêtre.

A l'Agnus Dei.

O Jésus, Agneau de Dieu, qui nous avez aimés jusqu'à vous charger de tous nos péchés, ayez pitié de nous! Victime de notre salut, sauvez-nous! Divin Médiateur, donnez-nous votre paix sur la terre, et la grâce de mourir de la mort des justes.

A la Communion.

Qu'il me serait doux, ô mon aimable Sauveur! d'être du nombre de ces heureux chrétiens à qui la pureté de conscience et une tendre piété permettent d'approcher tous les jours de votre sainte table! Mais puisque j'en suis très-indigne, suppléez, ô mon Dieu! à l'indisposition de mon âme. Pardonnez-moi tous mes péchés, je les déteste de tout mon cœur, parce qu'ils vous déplaisent. Recevez le désir sincère que j'ai de m'unir à vous.

Aux dernières oraisons.

Vous venez, ô mon Dieu ! de vous immoler pour mon salut, je veux me sacrifier pour votre gloire. Je suis votre victime, ne m'épargnez point. J'accepte de bon cœur toutes les croix qu'il vous plaira de m'envoyer, je les bénis, je les reçois de votre main, et je les unis à la vôtre.

A la Bénédiction.

Bénissez-nous tous par la main de votre ministre, et que les effets de votre bénédiction demeurent éternellement sur nous. Au nom du Père, et du Fils, et du Saint-Esprit. Ainsi soit-il.

Au dernier Évangile.

Oubliez, Seigneur, mes péchés, pour lesquels Jésus-Christ vient d'être offert sur cet autel; ne permettez pas que je sois assez malheureux pour vous offenser davantage. Je sors d'ici pénétré de vos grandeurs, confus de vos bontés, vivement touché de la sainteté du mystère dont je viens d'être témoin, et résolu de n'employer que pour vous tous les moments de ce jour, qui, par la seule action que je viens de faire, doit être consacré tout entier à votre gloire et à mon salut. Ainsi soit-il.

FIN.

www.ingramcontent.com/pod-product-compliance
Ingram Content Group UK Ltd.
Pitfield, Milton Keynes, MK11 3LW, UK
UKHW021013180726
13838UKWH00004B/1528

9 782329 108360